DE DIEU

IL A ÉTÉ TIRÉ DE CET OUVRAGE

Douze exemplaires sur Japon impérial numérotés de 1 à 12 et Vingt-cinq exemplaires sur Hollande numérotés de 13 à 37.

EMILE FAGUET
de l'Académie Française

LES DIX COMMANDEMENTS

De Dieu

PARIS
BIBLIOTHÈQUE INTERNATIONALE D'ÉDITION
E. SANSOT et Cie
9, RUE DE L'ÉPERON, 9

LES DIX COMMANDEMENTS

Tu t'aimeras toi-même.

Tu aimeras ta compagne.

Tu aimeras ton père, ta mère et tes enfants.

Tu aimeras ton ami.

Tu aimeras les vieillards.

Tu aimeras ta profession.

Tu aimeras la Patrie.

Tu aimeras la vérité.

Tu aimeras le devoir.

Tu aimeras Dieu.

DE DIEU

I

L'IDÉE DES DIEUX

L'idée de Dieu est l'idée que se font les hommes de l'organisation et du gouvernement du monde — et l'idée aussi qu'ils se font d'eux-mêmes, considérés comme aussi grands et aussi complets qu'ils désireraient l'être.

Les premiers hommes furent des êtres continuellement anxieux et effrayés. Ils ne constataient autour d'eux que des ennemis. Ennemis, les animaux plus armés qu'eux ; ennemis, les puissances naturelles homicides et dévastatrices. Ils virent assez vite que les animaux étaient des êtres semblables à eux et seulement, pour la plupart, plus forts. Pour ce qui était des ouragans, des tempêtes, des tonnerres, des foudres, des tremblements de terre, des volcans, des incendies, des inondations, ils ne purent y voir que des manifestations d'êtres cachés, mystérieux, immensément forts, animaux ou hommes supérieurs.

Je dis : ils ne pouvaient y voir que cela, parce qu'il est naturel qu'à un animal tout paraisse force animale et la nature n'est pour le primitif qu'un miroir où il se voit, ou à peu près, pareil ou déformé on rapetissé ou agrandi.

Je dis : animaux ou hommes supérieurs et l'on sait bien que les premiers dieux furent représentés sous forme d'animaux ou d'hommes ou d'hommes ayant quelques organes d'animaux.

Ces premiers dieux, personnifiant l'air, le ciel, la mer, le fleuve ou le feu, étaient adorés avec terreur. On leur faisait des sacrifices humains ou des sacrifices sanglants; ou ne cherchait qu'à les *apaiser*. Ils étaient l'aristocratie du monde, à laquelle on cherchait à plaire ou à ne pas déplaire.

Et l'idée était juste; car les forces de la nature sont, en effet, l'aristocratie du monde sous laquelle la plèbe humaine fléchit longtemps, gémit longtemps jusqu'à ce qu'elle finisse par la garrotter et par la déposséder en partie.

II

L'IDÉE DES DIEUX BONS

La civilisation naquit, se développa. Le genre humain goûta un peu du bien-être. Une idée nouvelle lui vint, que j'appelle nouvelle quoiqu'il ait dû l'avoir déjà un peu, auparavant, mais que j'appelle nouvelle parce qu'auparavant elle ne pouvait être que faible et confuse. Cette idée était qu'il y avait du bon dans le monde, que la vie est en partie bonne, que le soleil est le plus souvent bienfaisant, que la source est fraîche, douce et salubre, que l'arbre donne des fruits, que la terre est nourricière. De là l'idée de dieux bons. De même que derrière les puissances dévastatrices il y a des êtres méchants, persécuteurs, ennemis de l'homme, jaloux de l'homme ; peut-être, de même, il faut bien qu'on le reconnaisse, il y a des êtres animés, bons aristocrates, qui aiment les hommes et qui se plaisent à faire quelque chose pour eux.

Mais voici une réflexion. Parmi ces bienfaits du monde à l'égard de l'homme, beaucoup, la plupart peut-être, proviennent des forces de la nature *aidées* par l'esprit et le travail de l'homme. Le soleil est vivifiant par lui-même, la source par elle-même fraîche et salubre, mais l'arbre ne donne de bons fruits que cultivé par l'homme ; le feu n'est domestiqué et bienfaisant, au lieu d'être terrible, que provoqué ou conservé par des procédés dus à l'invention humaine ; la terre n'est largement nourricière que travaillée par l'homme.

De là cette idée que les êtres qui ont mis des forces naturelles au service de l'homme sont des dieux bons (Prométhée, Cérès) ou des hommes dont on ne peut pas savoir s'ils sont des dieux ou des hommes et qui, s'ils sont des hommes, ont dû s'élever, par les services rendus, à la dignité de dieux.

Les dieux, dès lors, sont très mêlés. Les uns sont bons, les autres sont méchants ; les uns (tous peut-être) sont jaloux des hommes trop forts et trop glorieux de leur force, les autres sont indulgents; les uns sont des dieux, les autres sont des hommes qui ont plus d'esprit, plus de force et plus de vaillance et plus de bonté que les autres hommes.

III

IDÉE DES DIEUX MORAUX

Avec la civilisation se développant, la morale naît, c'est-à-dire le sentiment du bien et du mal que l'homme peut faire; la morale naît, j'entends qu'elle prend conscience d'elle-même. On apprend à respecter, à vénérer, à honorer, à décorer d'appellations élogieuses ceux d'entre les hommes qui, dans la cité, se distinguent par leurs qualités morales. Ils forment une manière d'aristocratie à leur tour ou plutôt de leur côté. Mais si ce sont ceux-là, parmi les hommes, que l'on honore, comment peut-on honorer les dieux méchants qui existent encore, qui n'ont pas été rayés de la liste des dieux, qui sont consacrés par la légende, consacrés déjà par les chants des poètes? Comment peut-on les honorer?

Alors, on les modifie. On introduit en eux, même en eux, des qualités morales qui leur étaient absolument étrangères et qui doivent les étonner. L'air orageux et tempétueux devient, entre autres fonctions, le dieu de l'hospitalité; le dieu du feu devient un dieu bon et doux; la mer un dieu qui fonde les villes. La mythologie est adoucie et épurée par la morale. La Théopolis se rapproche de la cité des hommes. Les dieux, de plus en plus, dans tous les sens du mot, deviennent *humains*. Il sera dans quelques siècles tout naturel que tous les grands hommes soient divinisés et, *par suite*, que tous les dieux soient considérés comme ayant été autrefois des hommes.

IV

IDÉE DES DIEUX PSYCHOLOGIQUES

Mais quoi encore? La psychologie naît. L'homme considère en lui et commence à étudier les forces de son âme et se trompant peu, quoique se trompant quelquefois, sur ce qui dans son âme est force et sur ce qui dans son âme est faiblesse, il honore en lui la vaillance, la bonté, la bienfaisance, l'esprit de justice, l'amour du vrai, le dévouement et le sacrifice. Or, étonné de ces grandeurs, qui, du reste, ont ceci d'étonnant en effet, de singulier, qu'elles ne sont pas permanentes, qu'elles bondissent et jaillissent *à certains moments* d'un fond inconnu et mystérieux; étonné de ces grandeurs dont les manifestations, selon le mot sublime de Schopenhauer, « étant à la fois impossibles et réelles, sont des miracles », il se dit que ce doit être là des dieux intérieurs, exactement comme l'éclair qui jaillit est la manifestation d'un dieu, et de ces vertus humaines il fait des dieux en effet ; et voilà que vont s'asseoir, dans Théopolis, la Justice, la Vérité, la Bonne Foi, la Pudeur, la Vertu.

Ce qui n'empêche pas du reste que les mauvais instincts, que l'on sait qui sont des forces aussi, et redoutables, sont mis au rang des dieux également (Crainte, Discorde, Joies mauvaises) comme étaient dieux de la mythologie primitive, la foudre homicide ou le torrent dévastateur.

Dès lors, les dieux sont plus mêlés que jamais; mais ils sont tout pénétrés d'humanité. Ils sont toujours, comme je le disais aux premières lignes, l'idée que se font les hommes de l'organisation et du gouvernement du monde ; mais ils deviennent de plus en plus l'idée que les hommes se font d'eux-mêmes agrandis et surélevés. Ils sont des surhommes.

Par cette pente, le moment vient, comme je l'ai déjà indiqué en passant, où tout grand homme est consacré dieu après sa mort, pour cette raison qu'il a eu sa part et qu'il peut continuer de l'avoir dans l'organisation et le gouvernement du monde ; par cette raison qu'il représente, rassemblées en lui, quelques-unes de ces vertus qui sont des divinités elles-mêmes ; par souvenir enfin des premiers bienfaiteurs de l'humanité qui étaient des dieux se faisant hommes ou des hommes devenant dieux.

Il n'y a plus maintenant de solution de continuité entre les hommes et les dieux, et de l'homme au Dieu suprême il y a une série et une gradation. L'échelle à mille échelons, dont aucun n'est brisé, existe entre la terre et le ciel.

Voilà le polythéisme en ses lignes générales et en son progrès.

V

IDÉE D'UN DIEU

Cependant, il ne faut pas oublier que, sinon toujours, du moins d'assez bonne heure le polythéisme a comme admis dans son sein un certain monothéisme, ou, si l'on préfère, un germe de monothéisme. Chez les plus anciens Grecs *où* Zeus est toujours le dieu suprême, *où* au-dessus de tous les dieux et de Zeus même, la *Loi*, la nécessité des choses, la suite nécessaire de l'organisation des choses, le Destin, comme ils disent, a comme une royauté supérieure. L'idée monothéique est là, en puissance et déjà assez précise. Chez les philosophes grecs l'unité de Dieu est comme de règle et les dieux ne sont plus considérés que comme des puissances intermédiaires entre l'homme et Dieu. Chez Platon, qui ne fait rien de moins, au fond, que de remplacer l'olympe anthropomorphique par un olympe spirituel et les dieux par les Idées, les Idées, néanmoins, vivent dans le sein de Dieu, n'en sont, pour ainsi parler, que les parties constitutives, et, tout compte fait, le laissent unique. Plus tard, il y a à relever des manifestations de monothéisme non chrétien qui sont singulièrement significatives. Pour les Romains — ce qui se comprend très bien, parce que si chez les Grecs le monothéisme était toujours combattu par la dévotion, dans chaque ville, au dieu indigète, au dieu national, chez les Romains, possesseurs du monde, le monothéisme ne rencontrait pas cet obstacle, — pour les Romains, Jupiter fut toujours le dieu supérieur, extrêmement supérieur, *Deus optimus maximus, hominum sator atque Deorum.*

Voltaire a raison de citer l'opinion du platonicien Maxime de Tyr : « Quand on interroge les hommes sur la nature de la Divinité, toutes leurs réponses sont différentes. Cependant, au milieu de cette prodigieuse variété d'opinions, vous trouverez un même sentiment sur toute la terre [il exagère] qui est qu'il n'y a qu'un seul Dieu qui est le père de tous. » Il a même raison de citer la fameuse lettre, peut être inauthentique, mais caractéristique au moins de l'esprit du temps, de Maxime de Madaure à saint Augustin : « Qu'il y ait un Dieu souverain qui soit sans commencement et qui, sans avoir rien engendré de semblable à lui, soit néanmoins le père commun de toutes choses, qui est-ce qui est assez stupide ou assez grossier pour en douter ? Et c'est Lui dont nous adorons *sous divers noms* la puissance répandue dans les diverses parties du monde. Ainsi, en honorant séparément, par diverses sortes de cultes, ce qui est *comme ses divers membres*, nous l'adorons tout entier. Qu'ils nous conservent, ces dieux subalternes sous le nom desquels et par lesquels tous tant que nous sommes de mortels sur la terre nous adorons le père commun des dieux et des hommes par différentes sortes de cultes, à la vérité, mais qui, dans leur variété, s'accordent et ne tendent qu'à la même fin. »

Ce Maxime de Madaure comprenait très bien le paganisme finissant. Le polythéisme glissait vers le monothéisme par la multiplicité même des dieux qui rappetissait chacun (« nous en avons beaucoup pour être de vrais dieux »), par les apothéoses d'hommes assez vulgaires qui, faisant descendre très bas les « dieux subalternes, » haussaient d'autant le Dieu supérieur (« mais à parler sans fard de ces métamorphoses, l'effet est bien douteux de tant d'apothéoses »), par l'organisation de l'empire romain lui-même qui, en habituant les esprits à la prééminence et même à l'absolutisme d'un chef terrestre unique, les habituait à la prééminence et à l'absolutisme d'un unique chef céleste au-dessous duquel les autres chefs célestes n'avaient qu'une divinité honorifique.

Raisons plus profondes, encore que, comme efficacité, elles n'aient peut-être pas été plus considérables que les précédentes ; enfin raisons plus philosophiques : pour l'homme primitif le monde est une anarchie ; pour l'homme civilisé le monde est une monarchie ; pour l'homme primitif le monde est chaoté et déchiré par mille puissances rivales, pour la plupart ennemies de l'homme, très souvent ennemies les unes des autres, qui se détrônent, qui se battent et qui se dévorent ; pour le civilisé, qui a observé une certaine constance des lois de la nature, le monde est une œuvre d'art qui suppose un artiste unique et une monarchie qui suppose un administrateur unique, *tout au plus* aidé par des fonctionnaires très obéissants et très fidèles.

Et c'est là qu'en était le polythéisme finissant. Que pouvait lui dire la lutte des dieux, la guerre des dieux ? La guerre des dieux serait sensible si le soleil refusait quelquefois de marcher, si les astres décrivaient des courbes accidentelles, si les saisons se succédaient dans un ordre irrégulier, si les fleuves remontaient vers leurs sources, si la mer qui bat l'occident des Gaules avait des caprices en ses flux et reflux, si le vieillard était rajeuni par une divinité protectrice, si le mort était ramené à la vie par un dieu qui assommerait Thanatos comme dans la comédie d'Euripide. Rien de tout cela ne se voit. N'est-ce pas à dire qu'il y a un roi du ciel qui a établi des lois fixes et qui les maintient ?

S'il y en avait plusieurs, les effets de leurs volontés divergentes s'apercevraient tous les jours ou tout au moins souvent. Comme rien de pareil ne s'aperçoit jamais, il faut qu'il y ait un chef unique ou si ponctuellement obéi de ses sous-ordres que c'est comme s'il était seul.

Et peu à peu l'idée de ces sous-ordres, de ces dieux subalternes s'obscurcit, pâlit, parce qu'ils pâlissent eux-mêmes. Des sous-ordres, qui ne font exactement qu'obéir et que l'on ne voit jamais, deviennent des abstractions, moins encore, des hypothèses. On ne voit pas pourquoi un Dieu très fort aurait besoin d'eux. L'idée de leur inutilité s'introduit. Or, si on ne les voit pas et s'ils sont conçus comme inutiles, il est infiniment probable et rationnel qu'ils n'existent pas. Les dieux intermédiaires s'évanouissent.

VI

LE DIEU CHRÉTIEN

Cela est prêché du reste par des hommes longtemps méprisés, longtemps persécutés aussi ; mais qui, par la pureté de leur vie et par leur héroïsme dans les persécutions mêmes, se sont imposés et qui ne croient qu'en un seul Dieu et qui apprennent au monde qu'il y a eu un peuple très ancien qui n'avait exactement qu'un Dieu et qui croyait même qu'il n'y avait qu'un Dieu pour tout l'univers.

On résiste encore. Ce qui résiste c'est le patriotisme. Qu'on abandonne Vertumne, Pomone et Pales, et la divinité de la source et la divinité de l'arbre et la divinité de la rouille des blés, il importe peu ; mais qu'on abandonne les dieux qui se sont mêlés à l'histoire nationale, cela paraît abandonner l'histoire elle-même de la patrie, et l'histoire de la patrie c'est la patrie. Comment, par exemple (et comme cela est significatif !), enlever du Sénat la statue de la *Victoire ?* Il semble que cela soit renier toutes les victoires que les pères ont remportées depuis Romulus, et, si la *Victoire* est chassée du Sénat, ne va-t-elle pas abandonner les armées.

Moribus antiquis res stat romana Diisque.

Cependant ce dernier sentiment lui-même recule. Le sens du polythéïsme nationaliste se perd. Il ne se perdrait pas dans une petite cité autonome. Il se perd dans l'immense empire qui *n'a pas besoin* de dieux indigètes et à qui, puisqu'il est universel, un Dieu universel suffit. Le polythéisme n'a plus que la valeur d'un souvenir historique et non plus d'une passion historique, le Dieu unique l'emporte : Dieu est né. Ce n'est pas à dire qu'aucun instinct polythéique ait disparu. De même qu'il y a toujours eu une sourde tendance monothéique au sein du polythéisme, de même il y aura toujours des diversions polythéiques au sein du monothéisme. Les Hébreux ont leurs Elohim ; les chrétiens auront leurs anges, leurs saints et leurs notres-dames particulières. Que cela ne contrarie point du tout le monothéisme, pensez bien que je le sais ; mais je dis qu'aux yeux des simples, pour qui les définitions précises n'existent pas, pour qui les choses, et surtout les choses intellectuelles, ne sont pas précises, le monothéisme s'arrange, s'organise comme spontanément, en une manière de polythéisme, et que cela est inévitable, et que cela, du reste, si l'on veut que je le dise, n'est point mauvais.

Pour la foule des fidèles naïfs, Dieu est Dieu, très supérieur, très transcendant, seul tout puissant, et il est *unique*, et il est seul, mais il n'est pas solitaire. Il y a une foule de puissances supérieures à l'homme, inférieures à Dieu, qui sont l'objet d'un culte. Surtout les notres-dames et les saints sont très significatifs à cet égard. La Notre-Dame de la Délivrance, la Notre-Dame de la bonne mort, ne sont, et le croyant le sait, que la même personne sacrée honorée sous différents noms; mais, confusément dans son esprit, chacune est une personne affectée à tel, tel ou tel office, telle, telle ou telle protection particulière. Un polythéisme ingénu et inoffensif est au fond de ce sentiment. La Notre-Dame, aussi, de tel lieu, la Notre-Dame de Poitiers ou la Notre-Dame de Cercy est un souvenir polythéique; c'est la protectrice du lieu, le *genius loci*.

Les saints surtout, hommes devenus puissances supérieures, assis auprès de Dieu, ses confidents et doués d'une certaine influence sur lui, sont un souvenir, très respectable du reste, du polythéisme ou bien plutôt la manifestation du même besoin d'intermédiaires entre Dieu et nous qu'éprouvaient les polythéistes ; et d'intermédiaires gardant quelque chose de l'humanité et voyant en nous, avec douceur d'indulgence, ce qu'ils ont été et *continuant* à nous assister et à nous servir.

VII

FÉTICHISME SURVIVANT

Polythéisme encore, mais plus dangereux, et que l'Eglise monothéiste, ne poussant pas la prudence et les ménagements jusqu'à la destruction d'elle-même, n'a jamais toléré, les superstitions. Les superstitions, a-t-on dit, sont les gardes avancées de la religion, mais ce sont des gardes avancées qui la trahissent. La superstition consiste à se faire une religion particulière, croyance en un « fétiche », en un démon personnel, en un pressentiment ou en un ensemble de pressentiments, en telles circonstances qui sont des avertissements et dont l'ensemble, le total, la synthèse constituent pour vous une providence particulière. Rien n'est plus polythéique, puisque cela fait autant de dieux que d'êtres humains, et c'est même, par delà le polythéisme, un retour au fétichisme proprement dit. Le superstitieux n'est pas un chrétien *du tout*, il n'est *aucunement* un monothéiste ; il est, quoi qu'il puisse en croire, un polythéiste, un païen pur et simple. La remarque de Nietzsche est bien juste : « Le superstitieux, comparé au croyant, est toujours plus *personnel* que lui. Il choisit sa superstition. La superstition est une libre pensée de second ordre. »

C'est en effet une libre pensée vulgaire. Je ferai pourtant remarquer qu'il y a peu de superstitions personnelles ; pour mon compte, je n'en connais pas ; on voit toujours une superstition *faire religion*, c'est-à-dire réunir sous elle et en elle un certain nombre, un assez grand nombre de personnes qui la professent et qui se reconnaissent en elle et qui prennent plaisir à se reconnaître en elle.

En ce sens, les superstitions ne sont pas autre chose qu'une survivance obscure non pas du fétichisme, mais du polythéisme lui-même, de cet état où, en effet, chacun avait sa religion, mais où encore, par instinct d'imitation, chacun, d'ordinaire, avait la religion de beaucoup d'autres.

Remarquez que la fondation même du christianisme avait *pour le païen* — et cela n'a pas été sans doute pour peu dans la propagation du christianisme naissant parmi les gentils — un caractère de polythéisme *apparent*, un semblant de polythéisme, l'ombre *d'un minimum de polythéisme*. Un Dieu s'est fait homme par dévouement pour les hommes ; il a souffert avec eux ; il a souffert pour eux ; il a eu les deux natures, conjointes, d'humanité et de divinité ; il est mort ; il est ressuscité ; il a eu son apothéose ; il reste l'intermédiaire entre Dieu le père et les hommes. Il y a là pour le païen de quoi n'être pas trop violemment, trop brusquement désorienté en passant de sa religion à la nouvelle. Ce sont des idées nouvelles que les idées anciennes peuvent contribuer à faire comprendre ou qu'un esprit dressé par les idées anciennes peut saisir, non sans peine, mais sans désorganisation de lui-même.

Bossuet a parfaitement entendu ce mystère psychologique. Il a parfaitement entendu que l'humanité avait besoin d'un Homme-Dieu et que c'est pour cela que Dieu lui a donné un Dieu-homme : « Tel était le remède que Dieu préparait à l'Idolâtrie. Il connaissait l'esprit de l'homme et il savait que ce n'était pas par raisonnement qu'il fallait détruire une erreur que le raisonnement n'avait pas établie... La divinité était devenue *visible* et grossière. Les hommes lui avaient donné leur figure et ce qui était plus honteux encore leurs vices et leurs passions... L'idolâtrie prenait sa naissance de ce profond attachement que nous avons à nous-mêmes; c'est ce qui nous avait fait inventer des dieux semblables à nous, des dieux qui n'étaient que des hommes sujets à nos passions, à nos faiblesses et à nos vices... Le mystère de Jésus-Christ nous a fait voir comment la divinité pouvait, sans se ravilir, être unie à notre nature et se revêtir de nos faiblesses. Le Verbe s'est incarné ; celui qui avait la forme et la nature de dieu, sans perdre ce qu'il était, a pris la forme d'esclave. O hommes ! *vous vouliez des dieux qui ne fussent que des hommes ; voici un nouvel objet d'adoration qu'on vous propose : un Dieu et un homme tout ensemble ;* mais un homme qui n'a rien perdu de ce qu'il était en devenant ce que nous sommes... Il n'a pris de l'homme que ce qu'il y a fait : il avait fait la nature, il l'a prise ; il avait fait la mortalité... il n'a pas dédaigné de la prendre... De cette sorte, au lieu des vices que les hommes mettaient dans leurs dieux, toutes les vertus ont paru dans ce Dieu-homme ; et, afin qu'elles y parussent dans les dernières épreuves, elles y ont paru au milieu des plus horribles tourments. Ne cherchons pas d'autre *Dieu visible* après celui-ci. »

Le païen avait donc encore dans le christianisme un Dieu visible, un Dieu humain, un Dieu-homme, époux de l'humanité, revêtu volontairement d'humanité, ayant en lui les deux natures, et son anthropomorphisme avait encore satisfaction.

Ces restes, apparents au moins, du polythéisme dans le monothéisme font comprendre que le passage de l'un à l'autre, si difficile du reste qu'il ait été, eût été possible, comme aussi l'existence d'un certain monothéisme au sein du polythéisme rendait lui aussi ce passage possible quoique malaisé. Obscurément ou subtilement, selon la nature des intelligences, le christianisme a pu paraître à tel ou tel païen du IIIme siècle, selon l'expression, bien hétérodoxe, mais bien ingénieuse de Joseph de Maistre, un « paganisme nettoyé ».

VIII

DIEU UN

Quoi qu'il en soit, Dieu est né et nous le considérerons désormais, nonobstant le polythéisme plus ou moins net qui l'environne, comme Dieu unique et Etre unique.

Dès que Dieu est unique il succède aux dieux dans toutes les attributions que l'homme leur donnait : il est l'idée que se font les hommes de l'organisation et du gouvernement du monde ; il est l'idée que se font les hommes d'eux-mêmes portés à la perfection.

Il est l'idée que se font les hommes de l'organisation et du gouvernement du monde : ils imaginent le monde comme un royaume : Dieu est un roi qui commande, qui veut qu'on l'honore, qui juge, qui récompense, qui punit ; — ils imaginent le monde comme une machine admirablement composée : Dieu est un mécanicien qui a construit la machine et qui continue à la diriger avec une sollicitude attentive ; — ils imaginent le monde comme un mécanisme encore, mais si précis, si infaillible, qu'il va de lui-même ; il n'a eu besoin que d'une première « chiquenaude » pour se mettre en mouvement et aller toujours : Dieu est « le premier moteur », *kinétes akinétos* d'Aristote, et n'a plus qu'à se regarder dans son œuvre ; — ils imaginent le monde comme quelque chose qui est en progrès éternel, qui depuis un premier effort se soulève indéfiniment vers le mieux : Dieu est un devenir ; il n'est pas, mais il devient, il se fait sans cesse, et le rapport entre le monde et Dieu c'est : « *Adveniat regnum tuum* ».

Il est, d'autre part, l'idée que se font les hommes d'eux-mêmes portés à la perfection ; donc il est force infinie, *cause* infinie, liberté absolue, vertue parfaite, bonté suprême. A cet égard, Dieu, comme il était tout à l'heure le point culminant d'une organisation soit considérée comme définitive, soit considérée comme évolutive, est maintenant le point culminant d'une civilisation, de la civilisation. Ce que l'homme voudrait être comme cause, comme force, comme liberté, comme vertu, comme bonté, comme amour pour que la civilisation fût achevée et fût parfaite, *cela*, tenu pour réalisé quelque part, il l'appelle Dieu. De même que, dans le polythéisme, les premiers dieux non méchants étaient les civilisateurs, Prométhée, Hercule, Cérès, Triptoème, de même le Dieu unique est le civilisateur éternel.

Nietzsche dit très bien, quoique d'une façon terriblement obscure : « La seule possibilité de conserver un sens à l'idée de Dieu, serait de considérer Dieu, non pas comme force agissante, mais comme état maximal d'une époque, un point dans l'évolution de puissance, d'où s'expliquerait tout aussi bien le développement en avant que ce qui précède et aboutit jusqu'à lui.» Au risque de faire six contre-sens, j'interprète ainsi : les hommes qui ont l'idée de Dieu ont l'idée de toute la perfection dont leur époque peut leur donner l'idée, avec ce sentiment confus que cet idéal peut être lui-même dépassé, puis dépassé encore, ce qui forme dans leur esprit une conception de perfection indéterminée, existant quelque part et vers laquelle tout perfectionnement humain est un acheminement insensible et du reste méritoire. Dieu, conçu ainsi, est une cause finale de perfectionnement, et perfection divine, perfectibilité humaine sont sur deux plans, la seconde toujours inférieure et qui permet d'approcher la perfection divine sans jamais l'atteindre.

IX

DIEU MORAL

Cette conception du Dieu moral, du Dieu absolument moral est le grand progrès réalisé sur l'antiquité. L'antiquité a connu des dieux moraux, comme je l'ai montré, et des dieux de plus en plus pénétrés de moralité, à mesure, non point que la moralité humaine augmentait, ce qu'il serait bien hasardé de supposer, mais à mesure que l'idée de la moralité augmentait et peut-être à mesure que, la moralité baissant, l'idée morale, par réaction, se haussait d'autant ; enfin l'antiquité a connu des dieux moraux ; mais elle n'a pas eu l'idée d'un Dieu quelqu'il fût, qui fût d'une moralité absolue.

Tout au plus pourrait-on dire

que certaines abstractions divinisées, Diké, Arété, donnaient quelque idée de cette absolue perfection. Mais il est presque inutile de faire remarquer que les abstractions divinisées chez les anciens sont à peine des dieux et qu'on ne les voit jamais invoquées, que je crois, dans les prières publiques ou privées. Pour l'ancien, un vrai Dieu doit avoir une histoire et une histoire très accidentée, ce qui est précisément incompatible, sinon avec une perfection relative, du moins avec une perfection absolue. L'idée de perfection est une idée moderne et elle est l'idée monothéique par excellence.

Les chrétiens ont abusé des vices et des crimes des dieux pour confondre les païens ; c'était, comme on dit, de bonne guerre ; il eût été de meilleure guerre, sinon plus efficace, du moins plus élevée et pour l'esprit philosophique plus victorieuse, de montrer que *les meilleurs* des dieux anciens sont terriblement inférieurs comme moralité au Dieu nouveau, à tel point que pour tout esprit non prévenu la comparaison ne peut pas commencer.

Or l'humanité, il est vrai, ne peut aimer que ce en quoi elle se reconnaît et l'éternel amour-propre le veut ainsi, mais elle peut se reconnaître dans un être qui lui ressemble encore, quoique ne lui ressemblant *que* par les qualités qu'elle peut avoir. Ces qualités, portées à toute la perfection que l'imagination peut commencer à entrevoir et synthétisées dans un seul être, c'est le Dieu moderne. Il porte en lui les qualités et les vertus comme le dieu de Platon portait en lui les Idées ; il porte en lui les archétypes des forces bonnes dont l'humanité porte quelques parcelles, qui sont des reflets. « N'est-ce pas là, pouvait-on dire aux païens, une supériorité difficile à nier de la nouvelle religion sur l'ancienne ? »

C'est ici que se pose la question des rapports de là morale et des religions. Elles sont toujours étroitement unies ; mais il y a des cas où la religion sort de la morale et des cas où la morale sort de la religion. Chez les anciens, la morale est sortie de la religion et d'une religion qui n'était pas morale, d'où l'on peut comprendre à quel point elle a été longtemps faible et comme vacillante. Leur religion avait dit : Craignez les dieux, ils sont terribles. D'où sacrifices, immolations, *placations*, prières, vœux, promesses. Et ceci pour commencer est immoral ou d'une moralité très faible, puisque c'est un marché : « Je vous donne ceci ; donnez moi cela ; je vous ai promis si vous me donniez ceci de vous donner cela ; vous m'avez donné, je tiens ma promesse; soyez-moi fidèles comme je vous le suis. » C'est essentiellement mercantile.

Cependant, remarquez, il y a déjà là un germe de moralité élémentaire : il y a l'idée de loyauté et de probité ; c'est un germe.

Plus tard l'homme s'aperçoit de quelque chose, c'est que certaines vertus ou plutôt certaines qualités d'ordre inférieur, probité encore, bonne foi dans les relations, ordre, économie, tempérance, font réussir dans la vie et par conséquent, étant donnée la mentalité religieuse du temps, font qu'on est protégé des dieux, leur plaisent, les apaisent, les adoucissent. De là l'idée essentielle, d'une immense importance, qui marque le moment où la religion devient morale ou peut le devenir, l'idée qu'il faut offrir des sacrifices aux dieux d'*un cœur pur, avec un cœur pur*. Voici une première réaction de la morale sur la religion dont elle est née ; la fille modifie la mère. Si les dieux veulent qu'on leur présente des offrandes avec un cœur pur, c'est qu'ils sont purs eux-mêmes, beaucoup plus que jusqu'à présent ils ne semblaient l'être.

Un pas de plus : l'idée morale se purifie et elle se fortifie. L'homme s'élève à l'idée des vertus supérieures qui toutes se ramassent et se rassemblent en une seule, la bonté. Il faut être bon, dévoué à ses semblables, miséricordieux, dompteur de la colère et de la rancune, etc. Mais alors la morale s'est rendue indépendante de la religion qui n'enseignait rien de tout cela, qui présentait des dieux à qui tout cela était parfaitement étranger. Alors bifurcation : *ou* la morale, qui ne veut pas encore se détacher de la religion, qui continue à craindre les dieux dont elle est sortie, qui se rappelle ses origines, assure que les dieux, quoi qu'en aient dit leurs historiens, poètes et autres, sont vertueux eux-mêmes, sont bons, et ceci est une seconde réaction de la morale contre la religion et la fille modifie, cette fois, profondément la mère, — *ou* la morale, se sentant devenue indépendante de la religion et très supérieure à elle, affirme son indépendance et sa supériorité, accuse les dieux, récrimine contre eux, invective contre eux, veut les chasser de la pensée des hommes.

Ces deux mouvements ont lieu en même temps, et l'on sait assez qu'ils ont traversé toute l'antiquité, certains moralistes mettant toutes leurs forces à « absoudre les dieux » et à les justifier, certains autres les attaquant comme des corrupteurs. De là un très grand trouble dans les âmes simples, dans les âmes délicates et partout où il y a véritablement une âme. Un païen devait souvent se demander si la morale, si le cœur pur consistait à vénérer les dieux ou à les maudire. Ajoutez que même pour le païen fidèle l'idée du sacrifice offert avec un cœur pur amenait à l'idée de se demander si le cœur pur ne suffisait pas et à se répondre qu'il suffisait. Trouble partout. La morale était en divorce d'avec la religion, ou reculait devant le divorce en se donnant des raisons qui ne la satisfaisaient point,ou atermoyait le divorce dans un silence résigné, un peu dédaigneux qui n'était rien de moins lui-même qu'un divorce moral.

La religion antique est morte de cela, de l'impossibilité ou de la difficulté extrême de suivre la morale dans son évolution, dans son progrès et de rester attachée à la religion ; ou, si l'on veut, la morale, contenue d'abord dans la religion, en grandissant et se développant de plus en plus, a fait éclater son contenant.

Les choses vont tout autrement quand la religion sort de la morale, quand la morale crée la religion. Jésus paraît. Il n'*enseigne pas* une religion. Il parle religion, il parle du Dieu son père, de l'immortalité de l'âme, des peines et récompenses, et de tout cela courtement ; mais son enseignement, ce qu'il prescrit, ce qu'il apporte comme nouveau et comme étant lui-même, c'est une morale et une morale qui dépasse tout ce qu'on avait vu avant lui, c'est : aimez-vous les uns les autres, pardonnez, dévouez-vous, sacrifiez-vous, aimez vos ennemis, aimez votre prochain comme vous-même. Cette morale, non seulement dépasse tout ce qu'on avait ouï avant qu'elle parût, mais, à dessein sans doute, tout ce que l'humanité peut supporter de morale, en telle sorte qu'elle ne peut être pratiquée dans les sociétés humaines qu'avec des atténuations nécessaires.

Je dis que cela est sans doute à dessein, les hommes ayant besoin d'un idéal qu'ils ne puissent pas atteindre, mais vers lequel ils puissent se diriger, qui les excite par sa hauteur toujours au-dessus de leurs efforts, sans du reste les désespérer, pouvant être réalisé en partie.

Quoi qu'il en soit, ce que Jésus apporte c'est une morale puissamment excitatrice. Autour de cette morale ses disciples construisent toute une religion, théologie, explication des mystères, explication des destinées humaines, sacrements, vie religieuse, ascétisme, etc. Cette religion peut avoir ses vicissitudes ; elle peut être temporairement abandonnée, elle peut être modifiée ; mais sa base reste, son esprit reste et il reste tellement que la religion chrétienne profite toujours et de la morale chrétienne et de toutes les morales qu'on pourra essayer d'inventer au dehors, parce que toutes ces morales n'épuiseront pas, pour ainsi dire, la morale chrétienne, n'en dépasseront pas le terme, ne pourront pas jeter un idéal au delà de son idéal, et de tout cela la religion tire son gain, pouvant dire toujours : « Quoi que je sois, je suis fondée sur une morale dont je porte le nom, à laquelle je me ramène toujours, que j'enseigne et que vous ne pouvez pas dépasser. Si troublée qu'on prétende que je sois comme fleuve, on ne montera pas plus haut que ma source. »

Analogie : le droit romain s'est inspiré du stoïcisme, « nous vénérons encore ses lois » et ce qui est sorti de lui n'a qu'à remonter à son origine pour se purifier, se vivifier et se dire encore « la raison écrite. »

De là vient qu'au lieu que la morale antique ne pouvait pas remonter à sa source première, laquelle était au moins mêlée, au lieu de cela toute réforme vraie ou prétendue de la religion chrétienne ne songe qu'à un retour à l'esprit et aux pratiques primitives de cette religion elle-même.

Par suite de ceci qu'une morale peut sortir d'une religion et qu'une religion peut sortir d'une morale, il y a toujours dans les rapports entre la morale et les religions quelque chose comme une rivalité. La religion prétend au complet gouvernement moral des hommes; la morale, sourdement, y prétend aussi et voudrait que la religion ne fût que religieuse; la religion, d'abord parce que c'est son devoir, ensuite parce qu'il est de son intérêt de parler aux hommes d'eux-mêmes pour les intéresser et les attacher à elle, fait, de la propagande morale et de la prédication morale, une large partie de son office et voudrait que la morale ne fût pas dogmatique, didactique, enseignante et se bornât à des études et observations sur les caractères et les mœurs des hommes; la morale, même sans esprit d'hostilité ou de défiance à l'égard de la religion, désirerait un partage où les moralistes fissent la leçon aux hommes sur leurs devoirs humains et où la religion leur fît la leçon sur le dogme et sur leurs devoirs religieux.

Il est même rare qu'un moraliste n'empiète pas sur le domaine privilégié du prêtre et ne fasse pas la leçon même religieuse. Voyez La Bruyère au chapitre des *Esprits forts* et Rousseau au chapitre du *Vicaire savoyard*. Tout moraliste est un candidat sournois au sacerdoce.

Chez les anciens, les philosophes avaient la partie belle. Les dépositaires de la religion ne prêchaient pas; ils se bornaient à officier. Restait aux philosophes à moraliser et même à dogmatiser en présentant leurs hypothèses et leurs systèmes sur la nature des dieux. Chez les modernes, précisément parce que les prêtres étaient dépositaires d'une religion qui était née de la morale, ils devaient être des moralistes par excellence, enseigner, prêcher la morale autant que le dogme et prolonger à travers le monde la *Conversation sur la montagne*.

De là cette rivalité le plus souvent courtoise, quelquefois sourdement aggressive, parfois nettement belliqueuse entre les moralistes et les prêtres. L'incident le plus considérable de cette guerre de dix-huit cents ans, ou au moins de quatre cents, est l'affaire de Kant. Avec

Kant la morale pousse ses démarches, je ne dis pas contre la religion, Kant étant un croyant, mais à travers la religion jusqu'à supplanter celle-ci, en prenant *tout son rôle* et en la rendant ainsi, même sans le vouloir, inutile. Kant installe le devoir dans le cœur de l'homme, ou plutôt montre qu'il y est, à l'état, sous l'aspect d'un personnage qui ne conseille pas, qui ne suggère pas, qui ne persuade pas, qui commande l'acte, qui l'impose, d'une autorité impérieuse et sans réplique, qui ne donne pas ses raisons, qui *n'a pas à en donner*, qui dit : « *Sic volo, sic jubeo, sit pro ratione voluntas* », et auquel il faut en effet obéir sans raison, sans raison donnée par lui, sans raison donnée par soi, dont, avant tout, après tout et toujours, il faut tenir l'ordre pour indiscutable ; sous l'aspect en un mot d'un personnage *en qui il faut avoir foi*, avec lequel nos rapports sont des rapports de croyants.

Mais quel est, en vérité, ce personnage? C'est un dieu ou c'est Dieu. Il en a absolument tous les caractères. Il est infini, il est universel, il est absolu, il est caché, il est insondable, il est redoutable et il faut avoir foi en lui. Le devoir est devenu un dieu. La morale est devenue une religion; elle est devenue *la religion;* il ne lui manque qu'un culte, que Kant, s'il était un Comte, ne manquerait certainement pas d'instituer. Comme Socrate a fait descendre la philosophie du ciel sur la terre, Kant a fait descendre Dieu du ciel dans le cœur de l'homme.

A la vérité il ne l'entend pas ainsi. Le Dieu intérieur ne lui suffit pas; il tient au Dieu extérieur et il le prouve; il prouve qu'il existe. Mais comment le prouve-t-il? Ainsi: « Le devoir nous impose la moralité; la moralité *mérite* le bonheur; elle ne l'obtient pas de la nature qui ne dépend pas de nous et qui est indifférente à la moralité; pour que la moralité ait le bonheur qu'elle mérite, pour qu'il y ait « juste harmonie de la vertu et du bonheur », il faut donc que, par delà la nature, et, distinct d'elle, il y ait *quelqu'un* dont la causalité, dont la volonté, dont l'essence même soient conformes à l'intention morale. Ce quelqu'un est Dieu et Dieu personnifié, forcément distinct de la nature. La moralité postule Dieu, c'est-à-dire exige rationnellement que Dieu existe. Dieu est prouvé. »

Cela est bien raisonné et de ces idées il restera toujours quelque chose, et beaucoup — nous reviendrons sur ce point — dans l'esprit de l'homme. Mais d'abord ne vous semble-t-il pas que Kant est un architecte qui détruit sa maison par les contreforts qu'il y ajoute pour la consolider? Il tient à Dieu rémunérateur et il l'ajoute à sa morale pour qu'elle soit plus forte. Mais sa morale consistant en ceci que le devoir commande sans donner de raison, elle n'est plus la même et elle n'existe plus dès qu'il en donne. Or, voici bien qu'il en donne comme malgré lui et qu'il ne peut pas ne pas en donner. S'il y a un rémunérateur, quoi que fasse le devoir pour l'ignorer, il ne l'ignore pas et il me dit : « Fais ce que je commande pour que se réalise en toi la juste harmonie de la vertu et du bonheur, c'est-à-dire pour être heureux. » Voilà ce que maintenant me dit le devoir, ou, ce qui revient au même, ce que je dis quand il me parle ; et dès lors il n'y a plus de morale impérative, d'impératif catégorique, mais simplement une morale persuasive. Si Dieu existe, le Devoir-dieu n'est plus. La morale telle que Kant nous l'avait faite ne postulait pas Dieu ; elle postulait qu'il n'existât pas. Le lien, donc, — c'est tout ce que je veux mettre en lumière pour le moment — que Kant établissait entre sa morale et sa théodicée est bien fragile ; il l'est tellement qu'il est un contre-sens ; il l'est tellement qu'il désunit ce qu'il veut unir, ruinant une des deux choses qu'il veut rendre connexes. Or, le lien rompu entre la morale de Kant et sa théodicée, que reste-t-il? Sa morale, puisque c'est de sa morale qu'il tirait sa théodicée et qu'il n'a pas réussi à l'en tirer. Je demeure donc à dire que l'œuvre de Kant est bien la morale devenant elle-même une religion, seule religion, et comme forcée de l'être et de l'être seule, puisqu'à en admettre une autre elle risque fort de se détruire.

En outre, quoique Kant répète sans cesse que dans son raisonnement sur Dieu postulé par la morale n'interviennent aucunement les mobiles de la sensibilité, et qu'il ne fait appel qu'au jugement d'une raison désintéressée et impartiale, cependant « la réalisation du souverain bien », c'est-à-dire la réalisation de « l'harmonie de la vertu et du bonheur », qu'est-ce autre chose, à le bien voir, qu'un postulat, non de la raison, mais de la sensibilité ? Nous désirons, ce qui, au point de vue du cœur, au point de vue du *bon sentiment*, est absolument inattaquable, que le bonheur « aille avec la vertu », au moins à un moment donné, *au moins pour l'éternité*. Rien de mieux. Mais en quoi est-ce *rationnel ?* Il se peut que la vertu soit récompensée, il se peut qu'elle ne le soit pas. Rien ne prouve qu'elle doive l'être.

— Si bien ! La réalisation du souverain bien qui est précisément l'accord de la vertu et du bonheur.

— Mais ce souverain bien ainsi défini n'est qu'un appel éperdu de notre sensibilité elle-même. Nous désirons le bonheur et à cause de cela nous le faisons rentrer dans le bien ; mais qu'il en fasse partie rien ne nous le dit, rien, que ce cri même de notre sensibilité. Bonheur et bien sont des choses rationnellement étrangères l'une à l'autre : le bien c'est l'ordre, c'est l'organisation correcte, régulière et harmonieuse des choses; le bonheur c'est une jouissance éprouvée par un être doué de sensibilité ; il n'y a pas de rapport nécessaire entre ces choses si différentes et le rapport entre ces choses si différentes ne peut être *imaginé* que par un être *sensible* et à cause seulement de sa sensibilité même. Toute l'idée du souverain bien n'est donc qu'une création de la sensibilité et de l'imagination collaborant ensemble et où la « raison désintéressée et impartiale » n'a absolument aucune part. Donc tirer Dieu de la morale par l'instrument, pour ainsi parler, du souverain bien à réaliser n'est que l'erreur d'un homme qui introduit la sensibilité dans une argumentation rationnelle et qui prend un sentiment, respectable du reste, pour une raison.

De tout cela je conclus qu'on ne tire pas une théodicée de la morale, que, seulement, on peut organiser une théodicée autour d'une morale, mais sans qu'il y ait entre l'un et l'autre un *nexus* vrai ; et qu'enfin une morale peut *se donner elle-même pour une religion* et nous avons vu que même, dans son intérêt, c'est ce qu'elle a de mieux à faire, mais non pas fonder une religion, lui servir de base, en être la source, en être *la cause*, la nécessiter rationnellement, comme a cru Kant.

Le christianisme lui-même n'est qu'une religion organisée, très puissamment, autour d'une morale ; il n'est pas cette morale elle-même, aboutissant nécessairement à une religion et la produisant comme la fleur produit son fruit, il est une morale à laquelle se superpose une religion comme sanction. La religion de Kant n'est pas autre chose, une religion superposée à une morale pour la sanctionner, alors que précisément celle-ci n'avait pas besoin de sanction et même s'effondrait à en recevoir une.

Voilà un aperçu rapide sur les rapports de la morale avec l'idée de Dieu ; revenons à cette idée elle-même.

X

DIEU CONTRE LUI-MÊME

Dieu est né, le Dieu unique est né, l'idée du Dieu unique est presque universellement admise. A peine est-il né qu'il se porte à lui-même des coups qu'on peut craindre qui ne soient ruineux ; car, il crée, de cela même qu'il est intronisé, la nécessité de le prouver, la nécessité de le justifier.

La nécessité de le prouver. Avez-vous remarqué que les anciens ne prouvent pas l'existence des dieux? Ils ne la prouvent pas, parce qu'elle est une chose de sentiment, de sensation même, plutôt que de raison. Ils sentent les dieux, parce que les dieux sont intimement mêlés aux choses qui affectent leurs sens. Ils sentent, Phœbus dans la chaleur du jour, Phœbé dans la fraîcheur des nuits et Jupiter dans l'électricité qui sature l'air.

Dès que Dieu est séparé des phénomènes pour n'en être que la cause lointaine, dès qu'il n'est plus sous eux, en eux, mêlé à chacun d'eux, sa grandeur le détache du rivage ; il n'est plus senti ; il est compris ou il doit être compris ; pour être compris il doit être prouvé. Le monothéisme a fait passer Dieu du domaine des sensations au domaine de la raison. Il faut donc le prouver.

Or, par définition, il ne se prouve pas. Une démonstration, rigoureuse, n'étant qu'un développement, qu'un dévoilement, qu'un déploiement, ne consistant qu'à montrer que telle idée était contenue dans une autre, il n'y a jamais rien *de plus* dans une conclusion que dans le principe d'où l'on est parti ; il y a seulement ce qu'il contenait, tiré de l'ombre, il y a seulement du latent devenu visible. Or, nous ne pouvons partir que du fini et Dieu étant infini, le principe, quel qu'il soit, que nous *démêlons* étant fini et Dieu étant infini, Dieu ne pouvait jamais être contenu dans l'idée d'où nous sommes partis et nous ne pouvons jamais trouver Dieu au bout d'un de nos raisonnements.

Ce qu'on prouve — et là est la confusion qu'on a faite et la distinction qu'il faut faire — ce qu'on prouve c'est la force, c'est le poids des raisons de croire. On prouve, non pas Dieu, mais qu'il est raisonnable d'y croire ; on ne prouve pas Dieu, mais on prouve qu'il est probable. C'est un système d'inductions convergentes amenant l'esprit à une probabilité, à une extrême probabilité, à quelque chose qui satisfait l'esprit parce qu'il se tient, mais ne forçant pas la conviction, ne la contraignant pas, n'étranglant pas le doute, ne mettant pas l'esprit entre l'acquiescement et la sensation du suicide, comme fait une démonstration catégorique.

C'est pour cela que les vrais monothéistes n'aiment pas beaucoup qu'on prouve Dieu. Ils aiment mieux qu'on y croie. Qu'est-ce à dire ? Qu'est-ce que la Foi ? La foi c'est Dieu sensible au cœur, comme a dit Pascal, c'est-à-dire, non pas sensible à la sensibilité, le mot cœur n'a pas ce sens dans Pascal ; mais sensible à la partie de nous-même qui n'a pas besoin de raisonnements pour saisir une vérité. Dieu sensible au cœur, c'est Dieu saisi par une intuition, saisi par la « raison spontanée » dont parle Cousin, c'est Dieu senti. Les vrais monothéistes veulent qu'on sente Dieu, comme, grossièrement, les polythéistes sentaient les dieux, ou comme — ici c'est absolument exact — Kant voulait qu'on sente le devoir.

Je trouve qu'ils n'ont pas tort ; mais il n'en reste pas moins que la difficulté de prouver Dieu rigoureusement est pour le monothéisme comme un obstacle à vaincre qui se relève sans cesse ; comme quelque chose qu'on lui demande sans cesse et que sans cesse ils ne peut qu'imparfaitement donner. C'est l'honneur de Dieu, si je puis me permettre de parler ainsi, que de ne pouvoir pas être prouvé, parce qu'il est trop grand pour cela ; c'est aussi une gêne continuelle de ceux qui le professent.

Autre gêne, non plus la nécessité de le prouver, mais la nécessité de le justifier. Car il est coupable. Dès qu'il est seul, il est coupable. Il y a du mal sur la terre, du mal immérité ; des êtres souffrent inutilement qui ne méritaient pas de souffrir. Pourquoi ? Pourquoi Dieu l'a-t-il voulu ?

— Il ne l'a pas voulu ; il a fait des lois générales dont ces malheurs ne sont que la conséquence.

— Ce n'est que reculer la difficulté. Ne pouvait-il pas faire des lois qui n'eussent pas eu ces conséquences ?

— Il ne l'a pas *voulu*, il l'a *permis*.

— Pour l'être souverain permettre ou vouloir sont la même chose. Permettre c'est souffrir quelque chose qu'on aimerait mieux qui ne fût pas ; donc permettre suppose puissance autre que vous qui veut et vous n'ayant pas assez de pouvoir ou ayant trop de nonchalance pour empêcher. Pour l'être souverain et unique souverain, permettre serait donc vouloir quelque chose contre sa volonté, ce qui est absurde, et par conséquent permettre c'est simplement vouloir. Dieu a voulu le mal. Dieu est coupable. Justifiez Dieu.

Les dieux n'avaient pas besoin d'être justifiés. Il y en avait de bons ; il y en avait de méchants. Les bons mettaient du bien dans le monde ; les méchants du mal ; il n'y avait là rien que de très facile à concevoir. Pour que l'existence du mal sur la terre ne soit pas un scandale de la raison, il faut qu'il y ait au moins deux dieux, l'un qui veut le mal et qui le crée, l'autre qui ne veut que le bien et qui le crée et qui lutte contre le principe du mal. C'est le système des manichéens, hommes très pieux, qui ne songent qu'à justifier Dieu et à plaider pour lui non coupable. Mais le manichéisme c'est le duothéisme, et le duothéisme c'est le polythéisme, et le polythéisme est irrecevable. Dieu, parce qu'il est unique, continue à paraître coupable.

C'est cette considération qui jette certains esprits dans l'athéisme. Ils aiment mieux ne pas croire en Dieu que de l'accuser. Il n'est innocent que s'il n'est pas. Un poète du XVIIIe siècle, je ne sais plus lequel, dit : « Et l'excuse de Dieu c'est qu'il n'existe pas ». Nietzsche, athée, dit très fortement : « Dieu est mort : nous pouvons être optimistes ; l'obstacle à l'optimisme c'était que le mal était par Dieu. » En effet, si le mal est divin, d'abord il est éternel ; ensuite il a un caractère d'absolu ; fût-il accidentel, il est absolu en son essence ; il est sacré ; que le mal soit sacré, voilà précisément ce qui fait maudire le monde et ce qui empêche tout optimisme, même tempéré, toute considération sereine ou seulement résignée des choses.

Nietzsche dit encore, avec une vue très fine : « En somme c'est seulement le *Dieu moral* qui a été surmonté. Cela aurait-il un sens d'imaginer un Dieu par delà le bien et le mal ? » Cela veut dire, sous la plume de cet athée : « Dieu créateur, Dieu cause, Dieu organisateur du monde, nous ne l'avons pas détruit ; il peut subsister encore dans l'esprit de quelques-uns ; mais le Dieu moral, nous l'avons dépassé, nous l'avons *surmonté*, nous l'avons vaincu ; car, puisque le bien et le mal existent, *ou* il ne faut pas croire en un Dieu qui serait créateur de bien et de mal, injuste, de plus voulant contre sa volonté, contradictoire, incohérent ; — *ou* il faut le *transporter au delà du bien et du mal*, en une région d'où le bien et le mal ne sont plus visibles, ni discernables, sont indifférents, sont comme s'ils n'étaient pas ; mais cela a-t-il un sens, cette seconde hypothèse a-t-elle un sens ? Non, car ce qui est possible à l'homme par une hypothèse, ne plus tenir compte du bien et du mal, n'est pas possible à Dieu, ne s'accommode pas avec sa plénitude et son infinitude ; il ne dépasse rien ; il embrasse tout; il ne dépasse pas le bien et le mal, il les embrasse ; ils sont en lui, et par conséquent de l'un et de l'autre il est responsable. Donc, revenons à la première hypothèse, Dieu n'est pas moral ; Dieu considéré comme Dieu moral n'existe pas.

A ces terribles objections les monothéistes ont des réponses. La première qui se présente c'est que les hommes ne savent pas ce que c'est que le bien et le mal et par conséquent ont bien tort d'en vouloir raisonner. « Tel accident — l'argument est de Rousseau — a été considéré par vous comme un malheur et fut un bien parce qu'il vous a préservé d'autre chose qui était un vrai malheur ». L'argument ôte par hypothèse une certaine quantité de malheur du milieu du monde ; il est loin, on en conviendra sans qu'il faille argumenter, d'ôter le malheur tout entier.

Une seconde réponse encore de Jean-Jacques est celle-ci : « Les malheurs dont les hommes se plaignent sont leur ouvrage. Leurs maladies viennent de leurs imprudences ou de leur intempérance ».

— Mais un tremblement de terre ?

— Ce n'est pas les hommes, à la vérité, qui font que la terre tremble ; mais s'ils habitaient des huttes, la terre pourrait trembler sans que leurs maisons les écrasassent.

Les monothéistes les plus autorisés et les plus sages font cette réponse-ci : le malheur est une épreuve ; ce monde est un lieu d'épreuves. Dieu nous éprouve par le malheur comme il nous éprouve par notre liberté. Il nous laisse libres pour voir ceux qui choisissent le bien et ceux qui choisissent le mal et pour récompenser ou punir en conséquence ; il nous soumet au malheur pour mesurer notre constance à le supporter et il ne faut pas dire : que cela soit, cela démontre que Dieu n'est point ; mais au contraire : que cela soit c'est précisément une preuve qu'il y a une autre existence, réparatrice, à laquelle *il faut bien* qu'un dieu rémunérateur et réparateur préside.

Cette réponse est une des plus fortes qui soient. Elle laisse pourtant se demander « pourquoi les enfants meurent » comme dit Hugo, « *quare mors immatura vagatur* » comme dit Lucrèce, pour les enfants le mot épreuve n'ayant pas de sens. Elle laisse se demander encore pourquoi les animaux souffrent, le mot épreuve pour eux n'ayant pas de sens. C'est pour cela, au moins partiellement pour cela, que Descartes, qui savait ce qu'il faisait, tenait si fort à ce que les animaux fussent des machines. Il l'a dit très nettement que c'était pour cela même : « car, après l'erreur de ceux qui nient Dieu, laquelle je pense avoir ci-dessus assez réfutée, il y a un point qui éloigne plutôt [davantage] les esprits faibles du droit chemin de la vertu que [à savoir] d'imaginer que l'âme des bêtes soit de même nature que la nôtre et que par conséquent nous n'avons rien à craindre ni à espérer après cette vie, non plus que des mouches ou des fourmis ; au lieu que, lorsqu'on sait combien elles diffèrent, on comprend beaucoup mieux les raisons qui prouvent que la nôtre est d'une nature entièrement indépendante du corps et par conséquent qu'elle n'est point sujette à mourir avec lui... »

Mais pour ceux qui croient voir que les animaux ont une âme semblable à la nôtre au moins pour souffrir c'est une question que de savoir en quoi les tortures que la nature leur inflige sont une épreuve.

Enfin les monothéistes les plus autorisés et les plus profonds font cette réponse : pourquoi l'homme ne saurait-il se mettre en l'esprit qu'il ne peut qu'entrevoir, et que voir lui est interdit par la faiblesse de ses facultés ? Du biais dont nous voyons les choses nous apercevons un mélange de bien et de mal. A un autre regard et surtout à un regard qui verrait tout, le bien et le mal n'apparaîtraient-ils pas dans un tel système de compensations qu'en définitive tout serait bien ? Lamartine n'a-t-il pas dit d'un homme éclairé, pour un instant, d'une lumière infinie :

> Et l'homme vit enfin que le mal n'était pas
> Et dans l'œuvre de Dieu ne se voit que d'en bas.

D'en bas, de côté, obliquement, par reflet, par ombres portées, comme dans la caverne de Platon, c'est ainsi que nous voyons toutes choses. Ne croyons pas les voir pleinement et ne mesurons pas l'infini avec des instruments qui ne peuvent mesurer que le borné.

Sur quoi vous dites, vous septique : « Alors ne concluons pas non, mais ne concluons pas oui ; ne concluons rien ». Si bien : concluons dans le sens des probabilités encourageantes, concluons dans la confiance et dans l'espoir. Entendez-moi bien. Si l'idée optimiste n'était qu'une confiance gratuite, si elle n'était qu'encourageante, elle serait une puérilité ; mais du moment qu'elle est, d'abord une probabilité aussi grande que la probabilité contraire, puisqu'on peut considérer le bien et le mal comme également partagés dans le monde; ensuite une probabilité, plus grande que la probabilité contraire, puisque les malheurs sont considérés pour tous les hommes comme des *accidents*, puisque la trame générale de la vie est plutôt heureuse que malheureuse, puisque la vie elle-même, le seul fait de vivre est considéré par les hommes et les animaux comme un bien; dès lors concluons dans le sens de la probabilité qui en même temps est la plus probable et qui est fortifiante. Concluons que le mal n'est qu'une des apparences à nos yeux faibles des desseins de Dieu.

Il disait, cet humoriste : « C'est un grand signe du bien universel que dans la première auberge où nous entrons nous trouvons du passable. » Il y a une très grande sagesse, et qui va loin, dans cet éloge évidemment très modéré de notre hôtellerie.

Ainsi le Dieu unique est soutenu d'argumentations qui, sans pouvoir être décisives, sont très fortes et soulèvent des objections qui, tout en étant troublantes, sont assez facilement aplanies.

XI

CE QUI MAINTIENT LE DÉISME

Le déisme subsiste par toutes sortes de raisons d'inégale importance, mais qu'il est presque également intéressant d'analyser. Il subsiste par ce reste de polythéisme apparent dont nous avons parlé plus haut. Le christianisme est éminemment conservateur de déisme en présentant aux imaginations et aux sensibilités un Dieu-homme qui, comme homme, a souffert pour une idée salvatrice, Dieu ayant voulu enseigner au monde qu'il faut souffrir et mourir pour une idée quand on est convaincu qu'elle contient le salut de ses semblables et qu'il est *divin* de vivre dangereusement pour le service des autres. Ce grand mystère est celui de tous qui rapproche le plus l'homme de Dieu, qui le met comme en communion avec lui et qui par conséquent fait, plus que tout autre chose, qu'il y croit. Le chrétien qui devient simple déiste voit s'éloigner Dieu, voit un abîme lumineux, mais un abîme se creuser entre Dieu et lui et les clartés ne sont pas éteintes, mais le froid le saisit. Il aime moins Dieu, s'il y croit autant, et « aimer c'est la moitié de croire ». Il y a beaucoup de vrai dans cette boutade de Bonald : « Vous savez ce que c'est qu'un déiste ? C'est un homme qui ne vit pas assez longtemps pour devenir athée. »

Le déisme est conservé même par ce polythéisme apparent qui consiste dans le culte des personnages divins intermédiaires entre l'homme et Dieu. Le plus grand danger du monothéisme, c'est le monothéisme ; le plus grand danger du monothéisme, c'est que Dieu soit seul, absolument seul ; car alors c'est l'homme qui se sent seul. Toutes ces divinités plus ou moins bienfaisantes, familières au moins, des champs, des prés, des bois et des eaux, qui entouraient l'homme autrefois et occupaient sa pensée, se sont évanouies et la solitude de l'homme non seulement s'en est accrue, comme dit Mme de Staël, mais a *commencé*. Dans le monothéisme elles sont remplacées par ces puissances médiatrices et intercédantes entre la divinité et l'homme, qui sont nos amis, nos protecteurs, nos patrons, qui nous sont *præsentes* et qui empêchent notre adoration de Dieu d'être un effroi. L'homme d'un esprit très vigoureux, très puissant, le monothéiste supérieur, peut se passer de ces intermédiaires, et, disons-le, aime à s'en passer pour se sentir dans le sein de Dieu, pour dire : « *In Eo vivimus, novemur et sumus* » ; le monothéiste simple et humble a besoin de cette échelle de Jacob entre le ciel et lui.

Montesquieu dirait : « Le monarchiste absolu a besoin d'un roi absolu qui soit un saint ; le monarchiste plus faible, moins capable d'enthousiasme monarchique a besoin de nos « pouvoirs intermédiaires dépendants » par lesquels sa prière monte au roi, par lesquels la volonté du roi descend à lui. Ce n'est ici qu'une similitude. »

Ce qui soutient aussi et plus fortement le monothéisme, c'est l'instinct moral et les postulats, les desiderata de l'instinct moral. L'instinct moral est impérieux, mais il a besoin de se faire pardonner sa rigueur. Il commande, de sa nature, sans appel à une sanction, sans pensée immédiate d'une sanction et il faut qu'il commande ainsi ; mais *après*, mais, comme *à part*, il se fait tendre, il se fait persuasif et il dit : « Du reste, il est probable que de ce que je te commande si rudement tu seras récompensé si tu le fais ». Nous sentons très bien que si nous faisons le bien pour une récompense nous ne méritons pas la récompense; mais nous sentons aussi que nous méritons une récompense si *nous avons* fait le bien sans songer à une récompense; et pourvu que ces deux idées ne soient pas concomitantes, elles ne se contredisent pas. Or cet instinct moral, devenant *après coup* instinct de justice, postule le rémunérateur, exige qu'il soit et nous persuade qu'il est. Au fond la notion du mérite et du démérite se ramène à ceci que nous voulons qu'il y ait une justice dans le monde et que nous sommes persuadés qu'il y en a une. J'ai toujours admiré, à en pouffer de rire, la phrase de Léon Gambetta sur la « la justice immanente des choses ». Pour un empire il n'aurait jamais prononcé le mot Dieu et il proclamait dans sa phrase Dieu et le « Dieu moral », le Dieu qui récompense et qui répare *même ici-bas*, le Dieu rémunérateur et vengeur, le Dieu qui permet une suspension et un atermoiement de la justice, mais qui veut que la justice soit. Car s'il y a une justice immanente dans les choses c'est qu'elles *contiennent* un ordre de justice et qu'en elles *habitat Deus*. L'homme qui croit que la justice finit toujours par se rétablir est un homme qui dit non seulement : *adveniat regnum tuum*, mais : « *adveniet regnum tuum*. »

L'instinct moral en ses deux phases d'abord élimine Dieu et ensuite le réclame. Quand il commande il ne fait pas appel à lui et ne veut pas que nous comptions sur lui ; quand il approuve l'ordre exécuté et quand il nous félicite, nous console et nous réconforte, il compte sur Dieu et il le réclame et il nous y fait croire.

Or l'instinct moral a *toujours* ses deux phases et il ne s'est jamais présenté à l'homme sans ces deux caractères successifs. Le Dieu moral se présente à l'esprit deshommes comme un être qui a soif de la justice, qui veut qu'elle soit réalisée et qui souffre tant qu'elle ne l'est pas. Rien de plus chrétien au fond que le mot de Nietzsche : « Dieu a son enfer aussi. C'est son amour pour les hommes. » Précisément ! Pour le monothéiste moral Dieu est un père qui a des enfants souvent rebelles, lesquels, violant la justice, violentent l'esprit même de leur père, l'âme même de leur père et ce père souffre au plus profond de son âme et la pitié consiste à souffrir de sa souffrance et à vouloir qu'elle soit guérie. Au fond de l'instinct moral il y a une pitié de Dieu, analogue ou absolument identique à la pitié du chrétien devant le Christ en croix. En faisant l'injustice, nous sentons que nous crucifions quelqu'un qui veut que la justice existe ; quelqu'un qui doit exister, qui existe certainement puisque l'instinct de justice est dans le monde.

C'est ainsi que l'instinct moral, non seulement postule Dieu, mais *le sent*. Nulle part Dieu n'est plus

« sensible au cœur » que dans l'instinct moral. L'instinct moral, nous l'avons vu, est une foi. Il me semble maintenant qu'il l'est de deux façons. Il l'est pour lui-même: c'est par une foi que nous adhérons à lui. Il l'est pour autre que lui-même. Après nous avoir dit : « crois-en moi » ; il nous dit : « crois en celui sans qui je ne suis qu'un commandement rude et sombre ; crois en celui que je révèle et que je représente par le caractère absolu qui est en moi ; extériorise-moi ; crois en celui qui est moi, mais qui de plus peut faire et doit faire que je ne sois pas éternellement un morne et douloureux sacrifice. »

Certainement le Devoir nous tient successivement ces deux langages ; certainement il a ce recto et ce verso : une foi héroïque, une foi consolante ; une foi de sacrifice, une foi qui espère.

XII

L'INFINI ET DIEU

Ce qui soutient aussi le monothéisme, c'est ce que j'appellerai l'infini agrandi. « Savez-vous, dit Nietzsche quelque part, ce qui est arrivé depuis quelque temps? C'est que « le monde est devenu une seconde fois infini ». Voici comment : Le monde pour les anciens était fini, très nettement délimité : la terre et le ciel ; la terre limitée, bornée, petite ; le ciel, plus grand, voûte solide à rainures sur laquelle glissaient les astres. Pour les modernes le monde a paru insusceptible d'une limitation ; l'idée de bornes a disparu, étant impossible d'imaginer *rien* après les bornes, étant impossible de ne pas penser que derrière la dernière borne il y a encore quelque chose et ainsi indéfiniment; *mais* cependant le monde n'a paru encore infini que dans le sens des perspectives humaines, qu'en largeur infinie, qu'en hauteur infinie, qu'en profondeur infinie. Il nous est impossible, dit très bien Nietzsche, « de tourner l'angle de notre regard ». *Or*, depuis quelque temps, nous n'en sommes pas plus capables réellement, non; mais nous avons acquis « une curiosité sans espoir », qui est sans espoir, mais qui, comme curiosité, est un pas de plus à vouloir connaître « quelles autres espèces de perspectives il *pourrait* y avoir. »

Par exemple « nous supposons comme *possibles* des êtres qui concevraient le temps marchant en arrière ou tour à tour en avant et en arrière, ce qui donnerait une conception toute nouvelle de la relation de cause à effet et de la relation de dessein à cause finale. » — Répétons que ceci n'est qu'une curiosité et un système d'hypothèses ; mais de cela seul nous concluons qu'il est ridicule de croire que ce soit seulement « de l'angle de notre esprit que l'on a le droit d'avoir des perspectives. »

Et c'est cela qui est un *second infini* conçu, c'est cela qui est l'infini agrandi jusqu'à un nouvel infini. A l'infini des réels s'ajoute l'infini des possibles. Il était infini ; il contient maintenant des possibilités d'interprétations à l'infini. Chose bien importante pour l'observateur : Nietzsche, Nietzsche *lui-même*, s'aperçoit très bien que cela mène tout droit à Dieu, car il s'écrie : « Encore une fois le grand frisson nous prend » ; et, reculant en quelque sorte, devant le chemin qui s'ouvre devant lui, il ajoute, ce qui est plus significatif que son frisson lui-même : « Mais qui donc aurait envie de diviniser à nouveau, immédiatement, à l'ancienne manière, ce monstre de monde inconnu ? Adorer peut-être dès lors cet infini objectif comme un inconnu subjectif ? Hélas ! Il y a trop de possibilités d'interprétations non divines qui font partie de cet inconnu, trop de diableries, de bêtises, de folies d'interprétations... » — Sans aucun doute ; mais l'infini s'agrandissant toujours porte plutôt l'esprit à une conception monothéistique qu'à tout autre. Cet infini des possibles, cette multiplicité et cette *progressive multiplication* des grandeurs se conçoit, plutôt qu'autrement, dans un esprit infiniment vaste, qui, lui, aurait toutes les perspectives et en qui vivrait, réel, cet entrelacement d'infinis multipliés.

« On a fait avancer la science, dit Nietzsche, soit parce qu'on croyait posséder dans la science quelque chose d'inoffensif et de saint (Spinoza) ; soit parce qu'on croyait au lien intime de la science et du bonheur (Voltaire) ; soit pour mieux comprendre Dieu (Newton), — en somme par trois erreurs. » — Oui, faire avancer la science pour mieux comprendre Dieu, qu'on ne comprendra jamais, c'est une erreur; mais faire avancer la science pour *le comprendre moins,* tant le recul devient énorme, mais pour *le supposer davantage,* tant les infinis s'accumulant et se prolongeant devant nos regards et nous accablant *de pensée,* nous font concevoir un quelque chose d'infini qui est intelligent et par conséquent un quelqu'un infiniment intelligent; — ce n'est pas, non plus, une certitude, mais il est difficile de ne pas le considérer comme une conquête intellectuelle.

La grande conquête de la science moderne, de la pensée moderne, le grand pas tout récent fait dans la connaissance, c'est d'avoir *délimité l'inconnaissable.* Au delà de ce qui se voit, se compte, se mesure et se pèse, il y a quelque chose qui donnerait l'explication suprême de tout cela, qui serait la formule de toutes les formules, l'axiome de tous les axiomes, la loi de toutes les lois ; ce quelque chose, nous ne pouvons pas le connaître et il nous fuit d'une fuite éternelle. Nous sommes une goutte de matière, éclairée d'une lumière troublante et courte, plongée dans un océan de lourdes ténèbres. Cet océan c'est l'inconnaissable. Donc, disent les uns, connaissons seulement la goutte de matière et expliquons-la par elle-même. Donc, disent les autres, ne nous préoccupons pas de l'océan et faisons comme s'il n'existait pas. Connaissons seulement la goutte de matière et expliquons-là par elle-même.

Le malheur c'est qu'elle ne s'explique pas du tout par elle-même. « Elle est bizarre, cette croyance, dit Nietzsche, dont se contentent maintenant tant de savants matérialistes, la croyance à un monde qui doit avoir son équivalent et sa mesure dans la pensée humaine, dans une évaluation humaine, à un monde vrai dont on pourrait approcher en dernière analyse à l'aide de notre raison humaine, petite et carrée... Avant tout, il ne faut pas vouloir débarrasser l'existence de son caractère multiple. Que seule soit vraie une interprétation de l'univers qui admet que l'on compte, que l'on calcule, que l'on pèse, que l'on regarde, que l'on touche et qui n'admet pas autre chose, c'est là une balourdise et une naïveté, si tant est que ce ne soit pas de la démence et de l'idiotie. Ne semblerait-il pas, au contraire, très probable que ce qui pourrait être saisi premièrement, peut-être même exclusivement, serait ce qu'il y a de plus superficiel et de plus extérieur à l'existence, ce qu'il y a de plus apparent, sa croûte et sa matérialisation ? Et par conséquent, une interprétation « scientifique » du monde pourrait bien être une des interprétations les plus stupides, c'est-à-dire les plus pauvres de sens... Un monde strictement mécanique serait essentiellement dépourvu de sens. Admettez que l'on évalue la valeur d'une musique d'après ce qu'elle est capable de compter, de calculer, de mettre en formules ; combien serait absurde une telle évaluation scientifique de la musique ! Qu'y aurait-on saisi, compris, reconnu ? Rien, littéralement rien de ce qui chez elle est de la musique ! »

L'explication réelle, et non formelle, des choses de notre petite goutte de matière n'est pas en elle; elle serait dans l'intelligence générale de l'océan dont notre goutte de matière est une parcelle. Nous faisons partie d'un système de choses et d'un système de pensées qui n'a son intelligibilité qu'en lui-même tout entier et non en nous, partie infime. Vous connaîtrez la goutte de matière en l'étudiant ; vous ne l'expliquerez jamais.

— Donc ne nous occupons pas de l'océan, et faisons comme s'il n'existait pas ? — Mais précisément, vous pouvez ne pas vous en occuper, mais vous ne pouvez point ne pas vous en préoccuper. Ce qui m'occupe, c'est ce qui est à ma mesure, ce qui me préoccupe, c'est ce qui me dépasse. Le tourment métaphysique est de trop ; mais le souci métaphysique est si naturel qu'il est nécessaire. Les métaphysiciens sont traités de fous par quelques beaux esprits ou par quelques esprits plus ou moins beaux ; mais le « dément » serait celui qui, se réveillant en chemin de fer et ne sachant plus d'où il est parti et ne sachant pas où il va, contemplerait son compartiment, le constaterait, l'analyserait, prendrait des notes et ne s'inquièterait pas d'où il a pu partir et où il peut arriver.

L'inconnaissable est l'inconnaissable ; mais ce qui est humain c'est : 1° le connaître comme inconnaissable et ne pas le nier ; — 2° avoir devant lui le « grand frisson », l'inquiétude de cette destinée qui nous y mêle sans nous permettre de le connaître ; — 3° essayer d'en entrevoir quelque chose.

Or, ces trois attitudes sont essentiellement religieuses. Connaître l'inconnaissable comme inconnaissable, c'est un retour au *Deus absconditus* ; s'en inquiéter, c'est le respect de l'au-delà et le respect de nous-mêmes en tant que mêlés à une aventure redoutable, en tout cas sérieuse et grave ; essayer d'entrevoir, c'est l'élévation, c'est la prière, non en tant que sollicitation, mais en tant qu'effort pour approcher, non en tant que sollicitation, mais en tant que sollicitude.

L'inconnaissable, c'est la « formule suprême » de Taine. Or, qu'en dit-il dans la page la plus religieuse, sans religion, mais la plus religieuse sans le savoir, qu'il ait écrite ? « L'indifférente, l'immobile, l'éternelle, la toute puissante, la créatrice, aucun nom ne l'épuise, et quand se dévoile sa face sereine et sublime, il n'est point d'esprit d'homme qui ne ploie, consterné d'admiration et d'horreur (1). *Au même instant cet esprit se relève; il oublie sa mortalité et sa petitesse; il jouit par sympathie de cette infinité qu'il pense et il participe à sa grandeur.* » Corrigez un peu. Elle ne se « dévoile » jamais, mais on touche son voile; on sent qu'on a fait quelque pas vers elle et l'on a au visage, rien qu'à en rêver, l'air du sanctuaire; et pour avoir entrevu, non pas elle-même, mais ce qu'on peut supposer qui y conduirait si nos forces étaient plus grandes, l'on s'incline et l'on se relève, participant par la pensée à sa grandeur. C'est l'élévation, c'est la prière.

Les trois attitudes que la philosophie de l'inconnaissable donne à l'homme sérieux, c'est la *non-négation*, le respect du mystère et de soi-même, la disposition à l'élévation et à la prière; — sans compter la tendance à croire à une formule

(1) Au sens latin : *horror*, le grand frisson.

unique. Le monothéisme trouve un concours beaucoup plutôt qu'un obstacle dans la philosophie positive, et l'on peut même dire et l'on doit dire que le monothéisme commence et commence naturellement où la philosophie positive s'arrête.

XIII

L'AMOUR DE DIEU

La plus grande invention, à coup sûr, du monothéisme moderne, du christianisme, c'est l'amour de Dieu. L'antiquité, tant hébraïque que payenne, voulait qu'on craignît Dieu ou qu'on craignît les dieux ; elle ne s'imaginait guère qu'on pût les aimer. Le christianisme a voulu qu'on craignît Dieu et qu'on l'aimât. Les chrétiens exaltés, outrés, délicats et craignant le mélange d'un sentiment impur à un sentiment sacré voulurent même qu'on aimât Dieu d'un amour absolument désintéressé et sans retour sur soi-même, c'est-à-dire Dieu ne doit-il pas vous récompenser de vos mérites. Saint François de Sales, Fénelon, bien d'autres parlèrent en ce sens. Les chrétiens pratiques, comprenant que c'est trop demander à la nature humaine, acceptèrent comme légitime et salutaire un sentiment mêlé de désir de récompenses, de crainte des châtiments et d'un commencement d'amour de Dieu ; mais tous repoussèrent l'idée que l'amour de Dieu fût inutile au salut et Boileau donna, dans un joli tour ironique, la formule de l'idée généralement adoptée :

> Entrez au ciel, venez, comblé de mes louanges,
> Du besoin d'aimer Dieu désabuser les anges.

Les chrétiens ont voulu qu'on aimât Dieu. Ils ont compris ainsi le sens profond de l'idée de Dieu. Comte voulait qu'on aimât l'humanité. Voilà qui est bien ; voilà qui est admirable et c'est exactement le « aimez-vous les uns les autres ». Mais il y a bien quelques incommodités, sinon quelque obstacle, à aimer le genre humain. Il n'est pas tout aimable, il a ses vices, il a ses crimes, il a ses aspects repoussants. Il ſaut, pour l'aimer, s'élever bien au-dessus de lui, en une région sereine où ce qui crée l'amour, c'est-à-dire notre cœur lui-même, subsiste et ce qui crée la haine, à savoir les offenses des autres, ne parvient pas. Précisément les chrétiens ont vu un Dieu qui est placé dans cette région-là et qui veut que nous aimions nos semblables. Aimer un Dieu qui veut que nous aimions les hommes, c'est aimer les hommes à travers Dieu, c'est-à-dire par un détour qui rend la chose plus facile, plus constante, plus permanente et moins sujette à faillir. « Donnez-moi pour l'amour de Dieu » est une formule très profonde et comme nécessaire. On a dû souvent y répondre : « Oui; il faut bien que ce soit pour l'amour de lui ». Comte, en supprimant le détour, risque de supprimer la possibilité de la chose elle-même.

Ce détour, du reste, est une synthèse. L'humanité tout entière se ramasse en Dieu et l'amour de

Dieu est l'amour de l'humanité dépouillée de ses tares et considérée simplement comme œuvre divine.

Il faut suivre cette indication. Il faut tout aimer, pour ce que nous sommes partie de tout et pour participer à tout. Il faut aimer l'Univers comme grande chose inexpliquée pour nous, mais à travers laquelle nous sommes jetés et qu'il y aurait stupidité à maudire sans la comprendre et à laquelle il est raisonnable d'adhérer avec une docilité sympathique. Il faut aimer les animaux, créatures obscures où nous sommes comme ébauchés et qui, tant par leurs imperfections que par leurs qualités, nous éclairent tellement sur nous-mêmes que nous leur devons de la reconnaissance ou du moins que nous devons être reconnaissants de ce qu'ils existent. Et il faut aimer l'humanité comme une patrie, comme une famille qui a bâti péniblement la maison belle ou laide, mais protectrice en somme, que nous habitons.

Et tout cela c'est aimer Dieu, quand nous n'y songerions pas, quand nous ne le voudrions pas ; car Dieu est tout cela vu sous l'aspect de la perfection tenue pour possible, Dieu est tout cela vu du bon côté. Et dès qu'on aime tout cela en Dieu, on a simplement ouvert en soi la source de l'idéal et l'on est un être qui croit au bien, soit comme existant, soit comme en effort pour naître, et qui l'aide, soit à être, soit à devenir.

Telle est la vertu de Dieu cru ou seulement pressenti.

« Après la mort de Bouddha, l'on montra encore pendant des siècles son ombre dans une caverne. Dieu est mort ; mais, à la façon dont sont faits les hommes, il y aura peut-être encore pendant des milliers d'années des cavernes où l'on montrera son ombre ». Ainsi parlait Zarathoustra. Selon les lumières de la raison, il en est après la mort de Bouddha comme avant sa mort : on n'a jamais vu que l'ombre de Dieu; mais on la voit encore comme on l'a vue toujours, peut-être plus grande; et à cet égard les hommes seront longtemps les hommes des cavernes.

TABLE

La Rochelle, Imprimerie Nouvelle Noël Texier.

www.ingramcontent.com/pod-product-compliance
Ingram Content Group UK Ltd.
Pitfield, Milton Keynes, MK11 3LW, UK
UKHW031923260826
14628UKWH00003B/1373

9 782012 722385